Provence

Éditeurs :
Marcel Renébon
Nicolas Imbert
Nicole Imbert

Documentation :
Claude Dourlet

Conception
et réalisation :
Roger Bougault

Maquette
et mise en pages :
Michel Labarthe

collection « vivre dans le monde »

PROVENCE

Texte

Marie Mauron

Photographies

Louis-Yves Loirat

éditions sun / paris

PROVENCE

Sommaire

◀ *1. Vignobles en terrasses, près de Gigondas, dans les collines de Montmirail.*

Aller par les chemins, avec Marie Mauron, à travers « sa Provence » qu'elle a toujours chantée, c'est retrouver ce que feront ses quatre-vingt-dix ans, « riches de nature, de soleil et de liberté ».

Quelle joie, Marie ! Quelle émotion de refaire pas à pas les chemins de cette promenade, cette flânerie au gré de tes fantaisies, de tes coups de cœur pour ce que tu as chanté et défendu toute ta vie : la Provence.

Magie du verbe ! Sous la lecture, c'est l'écrivain, la conteuse qui parle de nouveau, joignant le geste pour mieux souligner l'image, l'émotion d'un paysage, d'une lumière, la passion de trouver le mot juste à faire partager...

Quoi de plus inespéré et de plus fantastique que ces retrouvailles au-delà du temps pour créer quelque chose ensemble. En reconstruisant, en sortant de l'oubli ce livre, j'ai succombé une fois de plus au charme de nos Alpilles « grises de rocs, roses de thym fleuri et d'aurore venteuse », nous sommes retournés ensemble « écouter pleurer des fontaines et rire harmonieusement aux opéras de Mozart » dans Aix de tous les siècles...

Et tant que les pages tourneront, le mystère pourra se reproduire pour tous ceux, des paysans et des bergers de nos Alpilles, à ses artistes et ses poètes réfugiés là, aux visiteurs de passage dans notre Provence que tu as si bien contée.
« Laissons-nous aller à rêver parmi tant d'ombres nostalgiques, devant ces paysages gris d'argent végétal, bleus de ciel, dorés d'argelas croulant de fleurs ou aérés de la neige aurorale des amandiers en fleur que souligne seul un cyprès qui médite... »

Anginary,
le 23 mars 1990.
P. Moraine Roumanille
« *Aro que marsejo per tu que me rises au cor.* »

2. Orange. L'arc de triomphe (Ier siècle av. J.-C.).

3. Orange. Le théâtre antique.

Il est une légende provençale que j'ai toujours grand plaisir à citer. Elle prétend que lorsque Dieu eut créé le Soleil, la Terre, les montagnes, les eaux, il constata, perplexe, qu'il lui restait un peu de tous les éléments. Qu'en faire à présent ? Fallait-il gaspiller des biens aussi précieux ? Il préféra les utiliser ensemble, en faire un résumé de tout ce qui existe et qui serait son paradis à lui.

Ainsi, Une et Multiple, naquit sous le sourire charmé de l'Artisan ce qui, depuis, est la Provence.

☐

Comme toute légende, celle-ci exagère, mais elle repose pourtant sur une base de vérités premières. La Provence est vraiment ce microcosme, aussi varié et complet que le cosmique macrocosme. Sa diversité, ses contrastes harmonieux, complémentaires, sont dus à la triple influence de la mer, des Alpes et du Rhône. Depuis les glacis montagneux du Dauphiné, elle s'ouvre, elle s'offre à la Méditerranée bleue que son Rhône fougueux, mais devenu lascif en plaine, épouse au bout de son delta.

C'est cette Provence Une et Multiple qui fait ce que j'appelle la Mère Provence toute de contrastes et d'harmonies.

Le paysage même, mais aussi la qualité propre de l'air, de la lumière qui la baignent, sont plus virils dans ce qu'on nomme Haute-Provence, plus adoucis en plaine, plus embaumés sur la Côte d'Azur, énervés de mistral dans la vallée du Rhône, et, dans la plaine aux riches terres, modelés aux caprices des collinettes parfumées, fleurant ici le thym, ailleurs les pêches mûres.

Ce paysage, cette atmosphère, cette lumière devenus caractéristiques d'une région, nous les retrouvons aigus, âpres en approchant du Ventoux et de Lure, cette chaîne maîtresse qui, se soudant par gradins successifs aux Alpes de Barcelonnette, clôt au nord-est le vaste cirque.

Ainsi avons-nous quatre régions : la rhodanienne, la maritime, la montagnarde et la terrienne. Mais notre propos – celui du flâneur – comporte plus de fantaisie. En descendant le Rhône par le fleuve ou la route, pourquoi ne pas zigzaguer rive droite et rive gauche, toucher aux monts voisins, musarder dans la plaine, inventer des circuits et prospecter les lieux selon notre bon plaisir ?

Plusieurs possibilités s'ouvrent devant nous. Le fleuve nous les fournira. Il est vraiment la voie royale pour pénétrer dans le joyeux royaume du soleil.

4. Pâturage près de Maussane-les-Alpilles.

5. *Vaison-la-Romaine. Fouilles du quartier de la Villasse.*
Au premier plan, la villa dite du « buste en argent ».

6. *Vaison-la-Romaine. Le théâtre romain.*

7. Avignon. Le pont Saint-Bénézet et la chapelle Saint-Nicolas.

8. Avignon. Le palais des Papes.

9. *Le pont du Gard, merveille de l'Antiquité (Iᵉʳ siècle av. J.-C.).*

Descendre le Rhône en bateau, depuis Lyon où il est navigable, est une aventure extraordinaire, car on voit mûrir le pays, tour d'hélice après tour d'hélice. On s'intègre au fleuve dans tous ses caprices et tous ses méandres en traversant des chaînes montagneuses, des forêts, en longeant des villages perchés, des grandes villes.

Depuis Lyon, il a fini d'être sauvage, indépendant. Mais, en vrai monarque, il distribue ses richesses, crée ses propres cités, se charge d'Histoire et ruisselle d'enseignements. Que de vallées, de bois, de landes, de villes et de villages, de champs cultivés virent et subirent le choc de tant d'armées, de tant de civilisations ! Quel message, aussi, le fleuve transmet *en entrant toujours plus dans la bénédiction*, selon le beau vers de Mistral. On égrène un long chapelet de remparts, de châteaux démantelés, de villes héroïques, sous tous les soleils et tous les climats. Songeant aux glaciers de l'amont, à ses torrents, à ses rudesses, on pense aussi aux douceurs de l'aval, à ses langueurs, à ses magies.

Mais quittons un instant le fleuve et c'est une tout autre aventure qui s'offre à nous. Ne la négligeons pas. Bollène ! Cette ville n'est pas seulement remarquable par son gigantesque barrage Blondel. Elle a d'autres attraits : sa maison romane, sa tour du XIe siècle, sa collégiale des XIIe et XVIIe siècles.

Bollène
nous ouvre la Drôme...

On y pénètre par l'exquise bourgade recuite au bon soleil : Suze-la-Rousse. Un crochet vers le nord conduit au château de Grignan toujours majestueux. Une autre fort jolie route mène à Tulette, Saint-Maurice-sur-Aigues, Vinsobres pour aboutir à Vaison-la-Romaine.

Là, arrêtons-nous longuement. Que de choses à admirer dans ce qui fut une cité clé des Romains ! Les empereurs successifs la chérirent, la fortifièrent, l'embellirent, en firent un séjour heureux, même leur capitale, supérieure alors en puissance à la ville voisine et rivale : Avignon. Vaison est tout entière musée. Son histoire renaît au front de ses murs exhumés. Ce sont surtout le forum, le temple de Diane, le gymnase, l'aqueduc qui, depuis Malaucène, amenait ici les eaux de source du Groseau, le splendide pont sur l'Ouvèze, des thermes, publics et particuliers, le théâtre avec ses arceaux, sa scène intacte, ses gradins, le célèbre portique de Pompée, la maison des Mesii et celle dite au Dauphin avec son bassin à exèdre, enfin celle, parfaite, appelée du « buste d'argent » dont le pavement en excellent état montre ses belles mosaïques. On croit vivre encore cette vie romaine, si fort influencée de la grecque qui la précéda, lorsqu'on parcourt cette rue encore toiturée, bordée de boutiques, ornée de colonnes. Le musée de

10. Nîmes. La Maison carrée,
temple construit sous l'empereur Auguste (fin du Ier siècle av. J.-C.).

Vaison est, on le comprend, parmi les plus riches de France en fait de restes grecs et surtout gallo-romains. Mais les siècles qui ont suivi ne déparent pas ces richesses. La cathédrale Notre-Dame-de-Nazareth est un parfait exemple de style roman provençal ; la chapelle mérovingienne de Saint-Quenin à abside triangulaire, avec ses colonnes cannelées, est un bien curieux spécimen. Quant à la ville haute, érigée sur un roc de l'autre côté du célèbre pont, elle grimpe à l'assaut des ruines imposantes de son château. Délicieuse ville, si pittoresque, avec ses tours, ses murs épais, ses meurtrières, sa cathédrale ogivale et, aussi, le charme prenant de ses rues, ruelles et *andronnes* tortueuses !

Mais Vaison-la-Romaine, c'est aussi une fête de la musique, du chant avec ses choralies qui, tous les trois ans, font résonner Bach, Vivaldi mais aussi les chants populaires du monde entier du théâtre antique à la moindre placette jusqu'aux bords de l'Ouvèze.

A partir d'ici, cent villes, villages ou sites vous requièrent. Je ne sais rien de plus amusant que de louvoyer de l'un à l'autre pour les surprendre. Mais le mieux est d'ordonner le voyage autour du mont Ventoux, promontoire altier de deux mille mètres qui vous donne tout le pays en un splendide résumé, d'un seul grand coup d'œil circulaire.

Ventoux, le mont du vent ; titan de roc, chevelu de forêts, dieu païen du vaste univers qui, des Alpes, court à la mer et au Rhône d'argent : tous deux scintillent en touchant le ciel pour frontière !

L'ascension du Ventoux est toujours magnifique, de quelque endroit qu'on l'entreprenne.

La plus usitée, celle du versant nord, par Malaucène, le Groseau, le mont Serein, est celle-là même qu'emprunta Pétrarque, premier en date qui viola ces hauteurs. « Voilà bien des années, dit-il, que j'avais cette excursion en tête. Depuis mon enfance, ces lieux sont, de par la volonté du destin qui gouverne les hommes, mon séjour ordinaire et, d'autre part, cette montagne que l'on voit de loin et de tous côtés se trouve presque toujours devant mes yeux. Une irrésistible envie m'a donc pris de faire une bonne fois la promenade que je faisais tous les jours en pensée. » Faites comme lui, laissez-vous tenter. Vous en reviendrez enchanté. Celle du versant sud comprend Bédoin, Saint-Estève, Sainte-Colombe, le chalet Reynard et la Grave. Elle va dans le soleil et la blancheur, puis à travers les forêts sombres. A moins que l'on ne baguenaude, venant par l'est ! On passe alors par Sault, bleu de lavande et le hameau du Ventouret pour arriver ainsi à la pierraille nue, quand les arbres s'essoufflent, que seules tiennent pied les herbes d'aromates.

N'importe ! A chaque pas, quels aperçus divers sur la noble étendue ! Mais du sommet

◄ *11. Nîmes. Les arènes (fin du Ier siècle, début du IIe siècle apr. J.-C.).*

◄ *12. Nîmes. Le jardin de la Fontaine, au pied du mont Cavalier.*

13. Saint-Rémy-de-Provence.
Les antiques : l'arc municipal et le mausolée.

14. Tarascon. Le château, bâti au bord du Rhône.

lui-même, quel nouvel émerveillement ! La plaine, sous vos pieds, va profond et très loin, touche l'horizon, paraît une tapisserie brodée de bois, de cours d'eau charriant du ciel.

□

De ce sommet on voit, au nord, se chevaucher les grandes Alpes, déjà perçues, jamais aussi bien, du Dauphiné et de Savoie, érigeant entre autres le pic des Écrins, les massifs du Pelvoux, de Belledonne et le mont Blanc, crêtés de neige. Tournant à l'est, au pied des Alpes-Maritimes, revoici la mer que l'on suit sans interruption depuis la frontière italienne par-dessus l'Esterel et les Maures, jusqu'au cap de Creux, aux frontières d'Espagne. Le Canigou se montre dans le soleil couchant. Les Cévennes s'inscrivent en échines foncées que dominent le pic de Saint-Loup et le sévère Aigoual ; devant brille le Rhône où la Durance va mourir en d'éternelles épousailles. Ce liquide serpent – ce Drac ! – lie en ondulant, embrasse, étreint puis abandonne notre Provence rhodanienne, Avignon, Tarascon, Beaucaire, Arles plus bas, parmi d'innombrables villages, tous en gloire sous le soleil ou blêmes sous des nuées sombres. Mais nous retrouvons tout ! chaque étape du beau voyage ! Quel résumé, en effet ! Marseille transparaît au-dessus de ses brumes claires. Les Saintes-Maries-de-la-Mer mettent plus loin leur point d'or

fixe. La nuit, tournent les phares qui jalonnent la côte, des îles marseillaises à Sète – éclairs, pinceaux multicolores qui mettent un peu plus de rêves parmi les constellations frémissantes. Dix-sept départements s'offrent à vous mais, mieux, tout un pays : le Comtat, la Provence, objet de notre randonnée, c'est-à-dire la grande Provence de jadis, comté des Boson et des Forcalquier – un vaste pays homogène.

Tout ce que cette terre a vécu, souffert, voulu et aimé se lit d'ici : le chaos sortant du Déluge ; la surrection des chaînes, leurs chocs et leurs écroulements pour ce modelage sans fin ; la naissance du Rhône et de ses affluents. La nature et les hommes ont créé, bâti, planté, conservé ces milliers de témoins, émouvants par leur sens profond. Les hommes de la préhistoire, les Ibères et les Ligures, les Grecs et les Romains, les Barbares, les Maures, les ravageurs forcenés et aussi tous les allumeurs de bûchers ont marqué de leur sceau cette province élue. Là, à Cabrières, à Oppède, en bien d'autres endroits aussi, les guerres religieuses ont accumulé ces ruines criantes ; là, à Lacoste, à Bédoin et ailleurs, la Révolution a laissé les siennes. Le tocsin a sonné à ces divers clochers, mais plus souvent les carillons de fête et, dans ce vallon de Vaucluse qui, vu d'ici, est un trait bleu dans la nacre de la falaise, Pétrarque a chanté son amour, sa foi et sa sagesse qui ont inspiré bien des troubadours.

15. Les ruines de Glanum.

16. *Le site du village des Baux-de-Provence.*

Revenons au Comtat Venaissin

De Carpentras, un itinéraire éclectique passe par Pernes-les-Fontaines, Saint-Didier aux eaux généreuses, la Roque-sur-Pernes, le petit Beaucet où Saint-Genès attire deux fois l'an des pèlerinages suivis, Vénasque à la belle église romane, Méthamis collé au sommet du roc et toute la montagne autour, patrie des chasseurs et des charbonniers ; puis Javon, Sault, Villes-sur-Auzon parfumés tous de leurs lavanderaies, Mazan où l'on peut voir, dans le plus beau des cimetières, un grand nombre de sarcophages gallo-romains. De là, bouclant la boucle, retour à Carpentras.

Apt est aussi tête de ligne, il y a tant à voir ! et, en particulier, la cathédrale Sainte-Anne. On va d'Apt au Thor, où est la plus belle église romane, à l'Isle-sur-Sorgue au bord des eaux vertes, à la fontaine de Vaucluse pour retrouver Pétrarque et Laure, à Gordes, si fier sur son éperon, à l'abbaye de Sénanque voisine, la belle abbaye cistercienne, puis à Roussillon, l'extravagant pays des ocres de toutes les couleurs, pour revenir, à travers de riches vergers, vers Apt qui en confit les fruits.

Autre excursion, parmi les plus intéressantes : Apt et le pont Julien, romain, intact, Saint-Saturnin-d'Apt le mauresque, Lioux, Murs, le Haut-Luberon avec Sivergues penché sur un abîme, Buoux et son fort, Lourmarin et son beau château, villa Médicis de Provence.

De Gordes s'organise le tour du Luberon. On visite l'un après l'autre les hauts lieux des persécutions religieuses semés de ruines – quelles ruines ! Ce sont celles d'Oppède-le-Vieux, sous son château démantelé où le vent pleure dans les foyers déserts, de Ménerbe en proue splendide sur la plaine, de Lacoste où la Révolution a démoli le manoir altier, le manoir haï du marquis de Sade. Traversant le Luberon, la route des Crêtes mène à Mérindol, sur l'autre versant.

A partir de Bonnieux, une variante vous conduit au curieux édifice roman de Saint-Symphorien, à Buoux, aux Agnels, et vous ramène soit à Apt, soit à Cavaillon par la combe de Lourmarin, Cadenet-sur-Durance, Lauris et Mérindol.

Cavaillon, j'aime à vous le dire, n'est pas seulement la capitale des melons. Elle possède aussi sa cathédrale Saint-Véran et son cloître, sa synagogue, son arc de triomphe romain, son musée, son plateau Saint-Jacques, où l'humble chapelle romane domine un horizon vertigineux sur la Durance et sur la plaine fastueuse, lourde de fruits jusqu'aux Alpilles.

La plaine qui poudroie bientôt sous l'averse ardente du ciel, avec, pour fond de tableau japonais, le Ventoux dans sa majesté, c'est la noble plaine d'Orange. L'arc de triomphe accueille les hôtes venus par la route. Du fleuve, il faut le saluer, comme le théâtre, qui toujours étonne. Dans une fluidité de perle,

17. Abbaye de Montmajour : la chapelle Sainte-Croix.

18. La chapelle Saint-Sixte à proximité d'Eygalières.

19. Fontvieille. Le moulin dit d'« Alphonse Daudet ».

Montfaucon dessine ses tours et ses créneaux et Caderousse se blottit dans sa ceinture de remparts épaulés de levées de terre. Mais la clarté mûrit toujours avec la joie de vivre. Sur sa crête allongée, Châteauneuf-du-Pape se hausse, portée avec son vieux donjon par des vagues de vignes drues. Vous souriez au souvenir de la mule du pape.

Avignon approche...

Et bientôt la voici paraître, mirage vrai de cuivre rouge. Si vous avez la chance d'y arriver quand le soleil décline, elle vous arrache un cri d'admiration, élevant dans un ciel de soie son palais dentelé flanqué de sept tours à créneaux proclamant que sept papes y ont chanté la messe. Magnifique ville fleurie d'innombrables clochers où trois cents cloches tintinnabulent si joliment qu'on appelle Avignon la *Sonneuse de joie*. Quand elle paraît, la belle sonneuse, on croit voir une étincelante Jérusalem des vieux missels. Mistral écrit dans son épique *Poème du Rhône* :

Avignon, la filleule de saint Pierre
Qui en a vu la barque à l'ancre dans son port
Et en porta les clés à sa ceinture de créneaux,
....
Et qui, pour avoir vu la gloire tant reluire,
N'a gardé pour elle que l'insouciance.

Mais descendons dans la ville, et flânons puisque tel est notre propos ! Que de monuments, que de demeures admirables ! Il faut tout en voir : son palais des Papes, bien sûr, la plus forte maison de France, son rocher des Doms, attenant, d'où la vue embrasse un invraisemblable horizon, des Dentelles de Montmirail au Luberon et aux Alpilles, pardessus la plaine que la Durance brode de champs de fleurs, de moissons et de fruits. Mais il faut s'arrêter encore devant le Petit Palais des archevêques, l'hôtel des Monnaies, visiter le musée Calvet du plus pur XVIIIe siècle, le Musée lapidaire, les quantités d'églises, et enfin s'amuser à suivre les ruelles, déboucher tout à coup sur une placette ombragée ou longer l'un des innombrables bras de la Sorgue où grince encore l'antique roue des teinturiers. Sur le pont de « l'Europe » qui fait face au « pont d'Avignon » si souvent dansé, pépie la grande île : la Barthelasse et, sur l'autre rive, jadis du roi de France quand celle-ci était du pape, se dresse Villeneuve, en quelque sorte le Versailles de Philippe le Bel avec, encore, sa tour et son fort Saint-André, ses murs épais cuits et recuits, ses jardins, ses hôtels anciens et son admirable chartreuse.

Entre les deux cités, jadis rivales et s'épiant, une chanson danse depuis des siècles, à travers le Rhône fougueux, sur le pont à demi détruit que fit édifier saint Bénézet, petit pâtre devenu saint.

20. Le Rhône à Arles.

21. Arles. Les Alyscamps.

La Durance, la folle chèvre, vient se jeter alors dans le Rhône, sous Barbentane, le beau vieux Barbentane avec sa tour mitrée pour exorciser le Malin. Dans cette même Montagnette est le couvent Saint-Michel-de-Frigolet dont vous apercevez du Rhône les clochers. Le Révérend Père Gaucher popularisé par Daudet y damnait son âme en faisant cet élixir aux plantes de collines qui embaume le monastère. Tout de suite après, Tarascon d'ici, Beaucaire de là vous accueillent avec le fleuve. D'un côté, les Montmorency dans leur donjon triangulaire démantelé au-dessus du grand champ de foire. De l'autre, dans son gros manoir si exactement restauré, l'ombre amène du roi René qui se penche aux fenêtres à meneaux pour revoir son Rhône tant de fois remonté et descendu. Sous le château, dans sa caverne de mousse et d'eau, se cache la Tarasque, dragon relégué pour l'éternité selon la légende par sainte Marthe. Franchissons le Rhône ! De Beaucaire, on ne peut manquer de gagner le pont du Gard, Uzès et Nîmes.

C'est par cette route, la plus belle à travers des paysages cadencés, qu'il faut aller dans ce morceau de Gard, fief du Languedoc, mais en vérité si provençal. Les trois séries d'arches du pont du Gard sont un exemple grandiose de l'art bâtisseur des Romains. Les arènes de Nîmes et sa Maison carrée, sa tour Magne impressionnent. Noblement louis-quator-zièmes sont les jardins de la Fontaine et leurs eaux si ornementales, distribuées partout avec un art si consommé. Quant à Uzès, son aristocratie de grande classe, ses avenues, ses promenades, ses horizons harmonieux, on ne saurait les oublier. Ni oublier que c'est d'ici que Jean Racine écrivait à Paris :
… *Et nous avons des nuits plus belles que vos jours.*

Le pays d'Arles

Dans la plaine riche, née des alluvions, les vignes, les blés, les rizières cossues alternent.

Arles ! La vieille capitale, cette ville têtue qui *a été tout ce que l'on peut être*, comme dit Mistral, et sommeille aujourd'hui dans ses murs recuits lourds d'Histoire. Arles-le-Blanc, paraît, pressé sur les deux rives du Rhône qui ouvre ses bras à partir d'ici. Le delta commence. La mer n'est pas loin. Elle battait les remparts de la ville aux temps romains, ce qui fit d'Arles un triple port : fluvial, maritime et de marais, si l'on peut ainsi s'exprimer, car une flotte d'utriculaires à fond plat sillonnait ces étendues d'eaux, mi-douces, mi-salées, lesquelles s'étendaient jusqu'à Montmajour, cette abbaye si imposante émergée comme une île, et jusqu'aux Alpilles, leur point d'attache.

Arles et ses alentours immédiats vous montrent tous les siècles encore vivants : ceux obscurs de la préhistoire dans la toute proche

22. *Arles. Le cloître Saint-Trophime.*

23. Arles. *Intérieur des arènes.*

24/25. Course à la cocarde.

26. *Arles. Fête du costume. Les gardians.*

27. Arles. Fête du costume. Les Arlésiennes.

montagne de Gordes et le plateau hanté de Castellet ; les temps chrétiens qui virent le Christ même dire la messe aux Alyscamps (et ses genoux en ont marqué la pierre) ; ces Alyscamps eux-mêmes, avec leurs sarcophages qui reçurent, lâchés sur des radeaux du fleuve, tous les grands morts de Rhodanie. Les remparts romains ceinturent la ville. A l'intérieur sont demeurés intacts les arènes et le théâtre, les souterrains cryptoportiques si impressionnants, un morceau du forum, le palais de la Trouille, qui fut celui de Constantin, et dont on voit les thermes savamment agencés. Quelles richesses dans les divers musées : le chrétien et le lapidaire ! L'art roman a, aussi, de beaux échantillons avec sa mairie (ancien palais des podestats) et sa cathédrale Saint-Trophime où étaient sacrés les rois d'Arles ; parmi eux Frédéric Barberousse vint y recevoir la lourde couronne du Saint Empire romain germanique. Mais, ici comme en Avignon, il faut parcourir la ville vivante. Quel charmant accueil y réservent, à qui les aime et les comprend, ses ruelles aux murs blanchis, ses cours mystérieuses, ses jardins intérieurs, où, dans leur senteur de résine, s'inclinent quelquefois des cyprès méditants !

Du plus beau cloître roman provençal de Saint-Trophime, de l'église Saint-Honorat à Saint-Cézaire en montant jusqu'à Notre-Dame-la-Major ; toutes les pierres d'Arles vous parleront de son passé glorieux.

C'est aussi le Muséon Arlaten créé par Mistral, il renferme toute l'histoire et les traditions provençales. Un musée d'Art moderne, un festival mondial de la photographie. Flânez dans Arles... Jusqu'au quartier des anciens bateliers.

Sur le pont de Trinquetaille vous verrez Arles s'embraser au couchant, flottant tels ces radeaux du passé, lâchée sur ce Rhône au plus fort de sa gloire.

Pour avoir d'Arles, ou mieux du pays d'Arles, une connaissance totale, il faut pousser, au levant, *vers la Crau*, ce désert d'Arabie Pétrée, couvert de millions de tonnes de cailloux que coupent des oasis vertes, et *vers sa Camargue* lacustre noyée de mirages, à l'ouest. Ce sont les moitiés dissemblables d'un tout original, heurtant les plus violents contrastes mais qui se complètent admirablement autour de la ville qui en est le cœur.

En Crau, des milliers de moutons. En Camargue, des milliers de chevaux, de taureaux sauvages. Autour de ces troupeaux et comme les baignant, l'ensorcellement infini des solitudes.

Cette Camargue sorcière étend ses déserts, ses dunes mouvantes de sable et de sel, ses marais (grands ciels à l'envers) sous des soleils de plomb, la flotte lourde des nuages ou de redoutables tempêtes, dans le bruissement d'ailes de millions d'oiseaux étranges que l'on

28. Paysage de Camargue.

29. *Saintes-Maries-de-la-Mer. L'église fortifiée.*

30. *Le Grau-du-Roi. Le port de pêche.*

31/32. *En Camargue, taureaux et chevaux dans les étangs.*

33. Vitrolles. Le rocher et la tour sarrasine.

34. *Martigues. Reflets dans les eaux du canal de Caronte.*

ne voit jamais ailleurs. Les avocettes, les aigrettes, les hérons de toutes couleurs, les armadas de flamants roses et tous les aquatiques : canards, poules d'eau, butors, mouettes, goélands, s'ébattent librement, savent que le mystérieux, l'ancestral bois des Rièges est leur refuge, leur réserve inviolable. La Camargue est, par voie de conséquence, la patrie de ces hommes à l'âme solitaire : gardians, pâtres, pêcheurs, braconniers, rêveurs et gitans. Tous vivent leur étrange existence hors du monde dans cette vastitude que le fleuve crée sans répit, malmène, saccage, secoue, détruit et pourtant recommence sans cesse à créer et à repétrir.

Le Rhône règne seul, lourd d'alluvions, couleur d'absinthe, fleuri de remous et d'écume. Quel silence grave sur cet infini ! Le ciel y joue avec ses nuages de plumes que reflètent les flots huileux. La solitude est absolue et même les bateaux qu'on croise ne parviennent pas à la rompre. De loin en loin une île, une autre risque un pas glissé – îles de rêve, bruissantes de murmures à peine perceptibles et d'oiseaux dont le pépiement accuse le silence au lieu de le briser.

Rive droite, apparaît une ville fantôme, blanche, comme faite de sel. Salin-de-Giraud, ainsi minérale, irréelle, joue les apparitions. La mer est à plus de trois lieues, cependant un canal à écluse mène au Salin ses eaux qui lui laissent le sel dont on voit se dresser les pyramides scintillantes. Tout l'air est chargé de son âcreté et déjà l'eau du Rhône lourde de boue se fait saumâtre. Le Vaccarès se creuse là derrière et nous allons vers les noces énormes du fleuve et de la Méditerranée. A la tombée de la nuit les phares, déjà, vous le disent. Le bateau glisse à travers ces eaux denses, à travers ce pays qui naît de lui sans cesse et où la vie est tuée par le sel. La terre s'imprègne des deux et luit, ici de flaques, là de cristaux. La pente va se réduisant et le fleuve en s'élargissant. Les boues lasses tombent, s'agrègent, multipliant îlots, sables mouvants, seuils, marécages, bras ici vifs, et morts ailleurs, sur plus de deux kilomètres de large. Tant de miroirs d'eau ou de sel, de reflets brisés, d'infinis mêlés donnent quelque peu le vertige. Alors une ville incroyable naît sur cette onde, une ville très pâle que précède une tour : Port-Saint-Louis. Plus on avance, plus elle semble, ô paradoxe, se rapetisser et entrer dans l'eau et le sol blanc de sel. C'est le fleuve, ondoyant sous son image chavirante, qui produit ce mirage faux, ce faux recul, cette fausse grandeur. Et soudain, la ville tournée, des bateaux de grand large pointent étrangement à travers les maisons.

C'est que, pour éviter l'estuaire ensablé qui se traîne encore sur huit kilomètres, on a creusé, là derrière, un canal qui conduit les navires, tranquillement, à Fos-sur-Mer.

35. Marseille. L'entrée du Vieux-Port.

36. Marseille. La Canebière.

37. Marseille. Le Vieux-Port et Notre-Dame-de-la-Garde.

38. Marseille. La passe du Vieux-Port et le fort Saint-Jean.

39. *Le château d'If.*

L'automne dans les contreforts du Luberon près de Lacoste. 40 ▶

41. *Une borie sur le plateau des Claparèdes,*
dans le Luberon.

42. Vauvenargues. Le château (XVIIᵉ siècle). Dans le parc repose Pablo Picasso.

Lui, le fleuve immense, il poursuit sa route en lenteur, plus seul que jamais, plus royal. Il va sans hâte vers ses noces. Et là, touchant au large, il se heurte à la barre. Elle est sauvage, elle est splendide cette révolte de la mer indomptable contre le fleuve envahissant qui lui jette son sable et la semence féconde des humus arrachés le long de sa course. Elle regimbe dur, de toutes ses vagues dardées, sans fin, battue mais jamais consentante, et sa colère brame haut. C'est fini. Il faut perdre *et son onde et son nom*, comme dit Mistral, et mourir, mais en beauté, de ces noces cosmiques.

Entre Rhône et Durance, le monde des Alpilles

C'est un lieu singulier, pétri de vieille humanité. De la Durance d'Orgon au Rhône d'Arles et de Tarascon, la chaîne des Alpilles couche sous le ciel ses vagues de calcaire blond qui ont vu battre, passer, ces autres vagues appelées civilisations. Fille des grandes Alpes, coupée du Luberon, à l'est, par la rivière folle, cette chaîne bleue vient mourir sur les bords de ce qui fut longtemps, à l'ouest, le delta gigantesque du fleuve. Elles meurent là, les Alpilles, aux rives de ces eaux romaines. Mais la tour des Césars domine encore, de leur der-

nier sommet, l'aire entière de Marius. Car les Fosses Mariennes partaient en vérité d'ici, d'Ernaginum (le Saint-Gabriel actuel), utilisant, pour les utriculaires, le delta et les marécages à fond plat où pouvaient glisser les peaux de bouc gonflées qui transportaient les pierres de collines pour bâtir, en Arles, à Nîmes, théâtre, arènes, quais, remparts. Dans le roc, sous l'antique tour, se voit encore l'un des anneaux de fer où venaient s'amarrer les embarcations frêles et une stèle y fut trouvée, élevée par une veuve à la mémoire de son époux, chef-marinier de la station. Les eaux se retirant, l'Ernaginum des eaux palustres s'éteignit. Le terrien naquit, ensemença la terre neuve et molle. Un ermite chrétien vint vivre et méditer sous la tour, éternel témoin d'un temporel si visiblement transitoire. Et quand l'onde des oliviers eut remplacé celle du fleuve désormais endigué plus loin, les grands bâtisseurs du xe siècle élevèrent ce pur chef-d'œuvre, cette parfaite église à nef unique, intacte encore, patinée de soleil où le jour entre avec l'azur par un rond vide que soutiennent deux anges.

Pas à pas, suivons ces Alpilles dans leur chevauchée claire. D'abord le versant sud. Réplique minérale d'un ciel de lapis-lazuli, la colline joue et oppose au mirage de Crau, dansant sur les cailloux dorés, le sien propre d'air chaud qui tremble. On dit : *La Vieille danse*.

43. *Aix-en-Provence. Le cloître Saint-Sauveur (fin du XIIe siècle).*

44. *Aix-en-Provence. Fontaine sur le cours Mirabeau.*

45. *Aix-en-Provence. L'hôtel de ville (XVIIᵉ siècle) et le marché aux fleurs.*

46. *Aix-en-Provence. L'hôtel Boyer d'Eguilles, l'escalier d'honneur.*

47. *Aix-en-Provence. Le pavillon de Vendôme (XVIIᵉ siècle).*

48. Aix-en-Provence. Une terrasse sur le cours Mirabeau.

Elle danse aux stridences des cigales, en plein été. En hiver, les mots s'acagnardent et boivent le moindre soleil, offerts qu'ils sont au midi glorieux. Dans les abris, des fleurs se risquent, plus touchantes d'être plus rares ; les oiseaux qui n'émigrent pas chantent sur les rameaux lents à se défeuiller. Là-haut, sur les crêtes, s'érigent les bourgs. Après Saint-Gabriel, c'est Mont-Paon, un pic tronconique terminé par un belvédère, ancien castrum emplumé du vert-noir végétal des pins, restes de la forêt gauloise, vieil habitat celtique d'où, descendant vers plus de plaine, naquit Fontvieille, le Fontvieille-aux-Moulins. Abrupt du côté de la Crau qui longe les Alpilles, ce château fort de roche est accessible par trois côtés sur son versant nord, celui des collines. C'est pourquoi une double enceinte, partie romaine et partie sarrasine, en défendait l'entrée. Quand et à qui ? A présent, les vents seuls, le chat-huant, le grand duc hantent le plateau solitaire. Mais les traces s'y voient de toutes les occupations et le sol rend des débris de tous âges : celtiques et gallo-romains, maures surtout ; le château fort du Moyen Age s'est écroulé sur le castrum romain ; la chapelle romane montre quelques lambeaux d'abside, et un couvent (ou un ermite) servit ici, comme à Saint-Gabriel, le dieu de toute solitude que l'abandon rend à sa vraie grandeur.

L'arabesque déchiquetée qui tourmente le ciel, le monde entier en sait la fière allure !

C'est la ville des Baux. Montons vers cette capitale de fiers barons, rivaux souvent heureux des comtes-rois d'Arles et de Provence.

Quelle ascension à travers des plis successifs de plus en plus élevés et osseux, mouvants d'oliviers qui scintillent au vent perpétuel, d'arbustes et de fleurs sauvages, de cyprès solitaires et de libres ruisseaux ! Là-haut, la ville papillote comme un mirage blanc et bleu, juchée qu'elle est sur son plateau à pic, avec l'allure d'un repaire inhabité, inhabitable. Encore quelques pas et tout change. La route perd sa cadence. Un grand cirque s'ouvre, fait de cercles rocheux érodés par les vents, ces cercles concentriques de plus en plus hauts et abrupts qui donnèrent à Dante l'idée de son *Enfer*. Lumineux enfer ! Des parois nues sortent des monstres, dragon de pierre, aigle éployé dont le mistral, siècle après siècle, a fignolé l'audace, cerbère grimaçant, chouette, sphinx sévère, d'autres, d'autres encore. Dans leurs corps ou leurs têtes, des grottes malaisées à atteindre et à fouiller nous ont rendu les os, les poteries, les monnaies de tous nos ancêtres tant dans le temps que dans l'espace, car, toujours, quelles vagues d'humanité et quel brassage ici ! Dans la cage faite par ses doigts d'ivoire, un mort gardait la piécette pour son passage sur ce Rhône d'oubli où vogue la barque à Caron – obole où se lisait en grec Mont-Paon, précisément le lieu où on l'avait frappé. Partir, avec, pour seul bagage, le nom

gravé de sa patrie, sa petite patrie d'Alpille, et dans sa tête rendue aux éléments, pour dernière image ce Rhône, ce Styx bleu, fleuve-mer dont il quittait la rive temporelle – dont nous autres foulons à présent les coquilles fossilisées... quel beau départ!

A escalader, franchir, dévaler, cercle après cercle autour de l'éperon des Baux, que de siècles à saluer! Ici, les abris troglodytiques, touchant avec la trace noire de leurs fumées et l'anneau taillé à vif dans la roche du plafond pour y accrocher ce qui servait de luminaire. Là, les restes romains des Tremaïe où sont gravés Marius, Julia sa femme et Marthe la Salyenne, sa prophétesse inséparable, et l'autre roc plus mystérieux, dit les Gaïes, orné de deux bustes cassés, de caractères illisibles et de palmettes grecques. Ailleurs, dans le vallon de la Fontaine, au bord d'un verger clos, est l'adorable pavillon de la reine Jeanne; au-dessus de lui, dans le bloc calcaire qui ferme le vallon, s'enfonce et se complique ce labyrinthe de cavernes: le Trou des Fées, le lieu des sortilèges qu'on prétend s'achever dans la grotte de Gordes creusée par les Maures en forme d'épée, voisine de Montmajour-d'Arles. On attaque enfin le chemin de chèvres, caillouté par les Celtes, puis par les Romains, puis par tous les occupants, qui conduit au village. Lui, de là-haut, vous nargue, ruines ouvertes, à pleines croisées Renaissance béant sur l'azur, l'orage, le vide, et quand vous y entrez, vous trouvez tous les siècles qui se chevauchent, se disputent, tombent en ruine l'un sur l'autre. L'étoile à seize rais que les princes des Baux disaient tenir du mage Balthazar, rompue avec les armoiries au fronton de la grande porte, brille encore virtuellement pour nous; elle tient tête à tout orage, celui du ciel, celui du siècle, ne pouvant plus briller qu'en rêve.

Du haut des tours de toutes les époques dont les murs et les marches sont de blocs gigantesques, du bout des terrasses, de l'humble clocher ou du promontoire en nacelle qui porte le village, on découvre le plus bouleversant des horizons: tout le pays d'Arles à vos pieds. Les Alpilles, au nord, bondissent; très loin, au levant, le Ventoux est un Fuji-Yama de rêve que continuent monts du Vaucluse et du Luberon. En coulant vers le sud, voici Sainte-Victoire à l'horizon, la mer qui luit, dessinant le golfe de Fos et, proche, s'étalant à nos pieds: la Crau. Entre sa blonde vastitude de cailloux et ce belvédère, derrière les plis moutonnants de la colline qui s'apaise, la vallée cultivée, coupée de paluds et d'étangs, piquée de villageons affables, rapiécée de roux et de vert repose les yeux éblouis.

Plus loin, le Vaccarès, vaste miroir porté à la mi-ciel par la perspective de plaine, toute la Camargue endormie entre ses eaux, et fleur de pierre, l'église-forteresse des Saintes-Maries-de-la-Mer; plus loin encore, toujours plus, les remparts d'Aigues-Mortes: quel pays

50. *La face sud de la montagne Sainte-Victoire.*

à la taille des conquérants baussencs dont il attisait le désir !

Sur l'un des pics suivants, Aureille, point final de la voie aurélienne romaine, montre son château du XIIIᵉ siècle démantelé et ses belles demeures en éboulis. Au-dessus d'Eyguières plafonne Roque-martine, citadelle bâtie par les Titans, réduite par le temps, les revers et les hommes. En ce lieu jadis héroïque, on monte aujourd'hui entre les chênaies, les pins, les prairies d'asphodèles en promenade bucolique et, comme aux Baux jadis, les pâtres hantent ces hauteurs mortes à la gloire. Les conquérants sont passés pour toujours, mais pour toujours, dans les chemins déserts couverts de thym et de lavande, les troupeaux passent et repassent, intégrés, eux, au paysage.

Belles maisons, transparentes fontaines, Eyguières est la « villotte » de cette Hellade pastorale. Sous le dernier contrefort oriental des Alpilles, face au midi, Lamanon se love, frais, pimpant, séparé du massif aixois de la Trévaresse par un défilé qui, jadis, fut le lit d'un bras de la Durance.

Lamanon cache dans les flancs de sa colline cette curiosité unique : les grottes de Calès. Elles ont été occupées sans interruption de l'époque néolithique au XVIIIᵉ siècle.

Grottes creusées par les Ligures, ancien oppidum, elles furent aussi une station sarrasine très importante dominant de ses trois cents mètres l'immense plaine, défilé qui s'étale jusqu'à l'étang de Berre. La marque des poutres dans le roc tendre, celles d'abris pour les chevaux y semblent d'hier. Les protestants s'y cachèrent et y vécurent au temps des guerres de religion. Telles que les voici elles forment un vrai village en creux dans un safre blond, très friable, ce qui a permis d'y sculpter sièges, placards, réduits et dépendances en un véritable dédale qui revient sur lui-même à des étages différents et superpose les cellules pour, soudain, les ouvrir sur l'horizon prodigieux.

Pendant une heure, au gré d'un sentier balisé, vous découvrirez dans une forêt la plus primitive et la plus protégée des Alpilles, toutes les essences, mais aussi toute la beauté et l'étrangeté du décor.

Orgon, à l'extrémité est, miroite, ceinturé de bleu par la Durance, ses remparts, son église, son troupeau de maisons et son château des Guise pris, tous, dans un frémissement d'osiers clairs, de bouleaux et de sables changeants.

Mais poursuivons !

C'est le versant nord des Alpilles.

Nous trouvons d'abord Eygalières, cette Assise de la Provence, haussée vers le firmament par un dieu, grise de rocs, rose de thym fleuri et d'aurore venteuse, médiante entre ses cyprès. A son couchant, dans un paysage admirable de proportions et d'harmonie, débouche

51. *Luberon. Le village de Gordes.*

52. Luberon. Le village de Bonnieux dans la vallée du Calavon.

la voie romaine qui reliait les deux axes de l'Espagne à Rome. Sur le flanc sud, l'Aurélienne, au nord celle de Domitien. Elle passe d'abord à Romanin, seigneurie qui n'est plus que ruines amoncelées les unes sur les autres depuis les temps préhistoriques, mais qui n'a pas cessé, jusque très tard, d'être habitée. Sa chapelle romane, élevée sur des restes de temple ancien, les pans de murs et de donjon du château des Gantelmi qui ont vu tant de troubadours — Bertrand de Born, d'Alamanon, Geoffroy Rudel, mais aussi Pétrarque et Laure de Noves. Celle-ci, commensale de sa tante, fut, avec elle et tant d'autres aussi, la tenante des cours d'amour.

Mais la voie Domitienne va... Bientôt, voici au loin se profiler le mont Gaussier, autrement dit le Lion d'Arles, peint, repeint par Van Gogh quand il était pensionnaire à l'hospice saint-rémois Saint-Paul-de-Mausole. Frédéric Mistral l'a chanté en vers aussi beaux que sa roche, donnant à tout son peuple la leçon du détachement.

Sous ce lion de roc qui brame ou chante à toutes *aures*, comme en Provence, on appelle les vents, accompagné du bruit des pins et des cigales, se blottit Saint-Rémy fait de multiples Saint-Rémy : l'actuel et les restes de tous ceux qui l'ont précédé. Celui d'aujourd'hui est fort accueillant. Il aime l'étranger, le passant, le curieux, et lorsque celui-ci lui montre quelque sympathie, aussitôt il ouvre ses portes, offre son feu, son vin, son amitié. Et comment refuserait-on son intérêt à la « villotte » encore çà et là entourée de ses vieux remparts, qui offre une charmante placette Renaissance avec les beaux hôtels des Mistral-Mondragon et des Sade, tous deux transformés en musées — deux musées parmi les plus riches en fait de sculptures indigène, grecque, gallo-romaine ? Car le plus vieux des Saint-Rémy, le plus au ras des monts, est le plus glorieux. Des fouilles patientes, savantes, le remettent au jour. Ce Pompéi voisine avec l'arc de triomphe de Marius et le beau mausolée des Jules. Une ville romaine, en effet, sort de terre un peu plus chaque jour, éloquente, émouvante aussi. Dessous est la grecque, plus vieille ; dessous encore, la ligure et, toujours plus profond, celle sans nom d'avant l'Histoire. Ces trois ou quatre villes superposées, qui se sont tuées l'une l'autre, dormaient sous des vergers d'oliviers vieux de plusieurs siècles, dans le sable doré charrié là par les ravins, et leurs dieux successifs, autrefois ennemis, peut-être, également serrés dans leurs bras de racines. Non loin étaient — sont toujours — les carrières de pierre dure dont les Romains bâtirent leurs plus superbes, leurs plus éternels monuments. A côté de la principale, vraie ville souterraine en creux, les XIe et XIIe siècles avaient élevé le couvent appelé Saint-Paul-de-Mausole ; pur cloître et magnifique clocher romans, toiturés de dalles de pierre : celui où Van Gogh fut

53. Cerisiers en fleur dans la montagne du Luberon.

54. Le site perché de Saignon. Au fond, les monts du Vaucluse.

55. *Le mont Ventoux depuis les monts de Vaucluse.*

56. *Luberon. Tombe ancienne au cimetière de Ménerbes.*

57. Luberon. Oppède-le-Vieux. L'église et les ruines du château.

58. *Le vignoble à Mazan au pied du mont Ventoux.*

soigné au départ d'Arles, un an durant, avant d'aller se tuer à Auvers. La guerre de 14-18 y reçut quelques mois, parmi les prisonniers civils venus d'Alsace, le Dr Schweitzer qui emplit tout Saint-Rémy de ses bienfaits, et qui en fut fait citoyen d'honneur.

Arrêtons-nous longuement en ce lieu, dans Glanum, autour des Antiques où Nostradamus, Saint-Rémois, venait souvent vaticiner. Bien des *Centuries* parlent de l'endroit en termes sibyllins – en termes filiaux ! Laissons-nous aller à rêver parmi tant d'ombres nostalgiques, devant ces paysages gris d'argent végétal, bleus de ciel, dorés d'argelas croulant de fleurs, ou aérés de la neige aurorale des amandiers. Ici, c'est un motif pour Giotto ; ailleurs pour Cézanne, ailleurs encore pour Van Gogh qui n'a pas manqué d'en fixer la sérénité ou la fièvre. Le mistral tord les longs cyprès en flammes noires, et les tournesols, dans les champs, tournent, comme au ciel le soleil. Le roc se cabre ici, s'apaise là, chatoie dans le rythme et a la cadence qui seuls donnent la perfection. Sylvanus, dieu rustique exhumé de la vieille ville, tout barbu de racines enchevêtrées, veille à créer sans cesse, au royaume de l'eau d'arrosage, fruits et légumes. Mais pour l'Alpille dénudée, ses pauvres, ses artistes réfugiés là, ses poètes, il crée sans fin de la beauté, il fait danser l'air chaud et luire le mirage, la seule eau, vraie de n'être pas, l'illusoire éphémère, seule éternelle,

qui ne vient d'aucun fleuve et ne meurt dans aucune mer.

Descendons encore. Eyragues et son voisin Châteaurenard regorgent de tomates, d'aubergines, de pêches. Maillane, toute proche, offre d'autres biens. Ici naquit, vécut, mourut Mistral, après avoir donné, nouvel Homère, ses chefs-d'œuvre au monde. Dans sa maison transformée en musée, son souvenir – plus –, son âme, palpitent. C'est son ombre qui vous accueille sur son seuil et qui vous convie à rêver aux fruits immortels. N'est-ce pas la beauté que nous avons quêtée dans ce voyage immense, quêtée et trouvée en touchant, pieux, la terre de Provence où, en tout temps, fleurirent grâce et esprit ?

A l'horizon s'effilent les Montagnettes grises, qui eurent leur peintre en Chabaud, comme Cagnes l'eut en Renoir, les Alpilles en Seyssaud, après Van Gogh, et Sainte-Victoire en Cézanne. Si nous marchons vers ces motifs picturaux, nous allons retrouver le Rhône, sous Frigolet, plus exactement, sous Boulbon. Là s'évente un joli village en promontoire, coiffé d'un château fort ruiné qu'entourent encore de nobles murailles. La grande église romane Saint-Marcellin dresse à mi-flanc ses nefs et ses piliers. Chaque année, on y fête le vin nouveau, les hommes seuls montant ici en procession avec une bouteille pleine. C'est l'ancien Bacchus que l'on remercie de la récolte faste, mais on ne le sait plus. Car

59. Luberon. Le village de Roussillon.

60. *Luberon. Les anciennes carrières d'ocre.*

61. L'abbaye de Sénanque. Le chevet de l'église.

62. *L'abbaye de Sénanque. La salle capitulaire.*

Sur le plateau de Valensole. L'amandier au bout de la lavande. 63 ▶

64. *Le plateau de Valensole, cher à Giono, avec ses champs de céréales et de lavande. Au fond, les Préalpes de Digne.*

l'Église, adoptant le dieu païen, l'a remplacé par saint Marcellin dit *patron de l'eau et du vin*. Le clergé en grand apparat mène la procession, entourant les bannières. Là-haut, sous les voûtes, bien entendu toujours seulement entre hommes, l'on bénit rituellement les bouteilles, et chacun y boit au signe du prêtre, pendant que les trombones tonitruent. Après le sermon en langue provençale, on trinque sur le maître-autel.

Voilà pour le patron du vin.

Celui de l'eau est plutôt ce beau, ce si digne saint Christophe roman qui, dans le bas village, au bord de ce qui était jadis le grand Rhône, passe l'Enfant Jésus sur ses épaules et, attentif, tourne vers lui son vieux visage ravagé d'ans et de soucis.

Nous touchons de nouveau le fleuve qui nous a descendus dans ce pays ensoleillé.

Mais nous n'avons pas terminé le beau voyage de Provence.

☐

Mettons alors le cap sur la *Haute-Provence*. Peu de pays sont aussi grandioses dans leur noble sobriété, peu de villes et de villages ont gardé tant de personnalité. Quel programme ! La route de la lavande. C'est à Carpentras qu'en revient l'idée et l'honneur. On s'engage sur cet océan gris-vert, gris-violet dont le parfum subtil enivre.

Montés par Bédoin, on descend par Sault, Revest-du-Bion, Banon, Saint-Étienne-les-Orgues, Forcalquier, vieille capitale de nos comtes-rois, Manosque-des-Plateaux, Gréoux-les-Bains (par un crochet qui vaut la peine), le plateau de Valensole, Riez, Moustiers-Sainte-Marie dans sa conque élevée, sous le signe de son étoile, Moustiers, le plus parfait décor de crèche.

Moustiers-Sainte-Marie où resplendit, suspendue entre deux pitons, à sa chaîne, l'étoile des Blacas que le seigneur fit forger, prétend la légende, avec ses fers de prisonnier quand il put se sauver de l'esclavage chez les Maures. Moustiers, c'est vraiment Bethléem, mais un Bethléem des hauteurs sous un ciel pur de Palestine heureuse, demeurée telle : simple, pure.

Sous la chapelle de Beauvoir, depuis le XVIIᵉ siècle se fabriquent les plus belles faïences qui, sous le moindre choc, « tintent clair » comme la lumière et l'air qui baignent ce pays.

Mais quand, dans la nuit piquée d'étoiles, brillent ses murs piqués de lumières tremblantes, on croit voir la montée mystique s'amorcer ici-bas pour atteindre, là-haut, l'étable, l'humble étable de la Nativité.

☐

Les chaînes de montagne dansent d'autres rondes ; les lavanderaies et les bois s'agencent en motifs nouveaux. Voici la corniche sublime, les sauvages gorges du Verdon, si justement célèbres, Comps, le Plan-de-Canjuers toujours hanté de Mélusine. Bientôt c'est le vieux Castellane-en-Montagne où s'amorce la route Napoléon, qui mène à Grasse, la cité des parfums.

Je n'ai pas oublié Castellane, accrochée durement à son roc, ni Riez aux quatre colonnes romaines émergeant d'un pré. Castellane-Riez, Castellane-Moustiers sont en effet deux itinéraires choisis pour pénétrer au cœur de la Haute-Provence.

Haute-Provence ! La magie fraîche de ce nom ! Rien ne la dépeint mieux que cette page de l'un de ses fils, Alexandre Arnoux, dans sa *Géographie sentimentale* : « Je nomme Haute-Provence ce pays de chimère, de mirage et de dénuement, incliné contre le rempart des oliviers, ses terrasses de pierre crue et de pauvre croît, ses lavanderaies, ses champs de thym, de serpolet, de romarin, plus riches de parfum que de revenu, cette région de passage entre les sommets où vivent le chamois et le bouquetin, les prairies de gentianes et les vergers du Var, les campagnes d'Aix et d'Avignon, entre les pacages alpestres et le royaume d'Arles, entre les immortelles du pic des Trois-Évêchés, du Pelat, et les roseraies de Grasse (...) Je nomme Haute-Provence ce territoire de solitude, de lavanderaies et de soleil froid, cette Durance moyenne et son arrière-pays de l'est, inextricable, montueux, qui se brouille et se chevauche vers les glaciers, qui s'entasse à la rencontre de l'aurore, dernière vague de la montée méditerranéenne, là où l'olivier s'essouffle et où la lumière le relaie. »

Moustiers-Manosque ! Celui-ci traverse l'infini plateau de Valensoie, océan de lavande sous l'océan renversé du grand ciel où cingle, l'automne venu, la grande armada des nuages. Que d'amandiers branchus, noirs en hiver, gesticulant de leurs bras nus ! Vienne le printemps, les voici couverts de milliers de corolles blanches ou roses, d'une grâce que rien ne dit, que nulle aquarelle ne parvient à peindre.

Et Manosque s'annonce, Manosque-des-Plateaux que Giono a si bien chantée, Manosque dont l'histoire est riche, dont les horizons sont si vastes en demeurant pourtant si doux ! Quel vieux pays, si riche de civilisations diverses, ravagé à plusieurs reprises et si obstiné à revivre ! C'est la patrie de tous les vents, ils ont leur col, dit col de Toutes-Aures, et je connais des céramistes de Moustiers, héritiers des glorieux potiers d'antan, qui ont pétri pieusement, caressé, cuit, aimé, donné plusieurs Notre-Dame-des-Vents. Bien des maisons, dans ces maisons bien des poètes, leur ont réservé un oratoire ou une niche soit au mur, soit au creux du cœur.

Tous les villages d'alentour, à l'ombre sévère des grands monts de Lure, sont comme embaumés par le temps. Y passer est exquis ; y vivre fait penser longuement, et à bien des

65. *Capitale de la lavande, Digne est bâtie sur les rives de la Bléone. Au centre, la cathédrale Saint-Jérôme.*

66. *Sisteron, la Durance et le rocher de la Baume.*

choses, car ils en sont restés à l'essentiel de la vie alors qu'on l'a partout éparpillé, banalisé, perdu. Pierrevert féodal ; Montfuron au vieux moulin mort, dressé sur un fond de tableau digne des plus purs primitifs ; Senez épiscopal ; Barrème et Mézel ; Lincel, où l'on brûla tant de sorcières ; Saint-Martin-l'Eau ; Puimichel en dégringolade depuis son haut donjon en ruine ; Entrevennes, avec ses restes de splendeur mués en fière pauvreté : que de grandeur, partout, dans la sobriété, le renoncement consenti ! Que de Baumugnes, d'Aubignane, de ces villages que Giono nomme les villages de l'inquiétude dans des montagnes de muets ; Montjustin, Redortiers, le Comtadour sont les plus touchants. Lure, proche, donne cette mesure large et sévère à tout l'horizon.

Forcalquier, lui, demeure *nid de guêpes* autour de sa citadelle, le berceau, la première capitale des Bérenger. Elle a vu naître encore les quatre filles de Raymond, qui sont toutes devenues reines. C'est l'aînée, Marguerite de Provence, qui épousa le jeune Louis IX, le futur Saint Louis, et fut ainsi l'artisan du rattachement de la Provence indépendante au royaume de France, si soucieux de s'agrandir sans cesse.

Au couchant de la ville, passé Mane, avec son ancien prieuré Notre-Dame-de-Salagon, et Porchères, luit la coupole de Saint-Michel-l'Observatoire, le plus important d'Europe, parce qu'il jouit du ciel le plus pur de toute la France et peut donner à la science actuelle des observations, des renseignements de tout premier ordre.

En redescendant vers Forcalquier vous pourrez profiter des joies bien méritées de l'eau du lac de la Laye.

Si, de Forcalquier, nous montons par Fontienne, Saint-Étienne-les-Orgues, Cruis et Mallefougasse, par le chemin des transhumants, nous arrivons bientôt au pied des monts de Lure, que Giono a nommés *l'échine monstrueuse du taureau de Dionysos*, en vérité, une série de grands vaisseaux qui se suivent, plantés dans des flots de rochers, mais dressant fièrement leur proue et défiant les horizons immenses.

– Sur l'un est l'ancien ermitage Saint-Donat du XIe siècle et la petite église pèlerine, Notre-Dame-de-Lure.

– Sur l'autre, passé Peyruis, le couvent de Ganagobie, un des chefs-d'œuvre bénédictins, belles nefs, cloître, portail avec Christ en majesté. Descendons par ce chemin forestier surplombant la vaste Durance roulant ses eaux et ses cailloux, c'est le village de Lurs, le Lurs des Templiers et de la Renaissance, le Lurs des abandons et peut-être aussi d'autres renaissances. Non loin, les Mées et leur procession de moines pétrifiés dans leur descente. Et si nous poursuivons cette route qui toujours monte, nous atteindrons l'extrême bord, l'extrême bout de la Provence, au nord : Sisteron,

67. Riez. Colonnes antiques, vestiges d'un temple d'époque romaine (Ier siècle de notre ère)

68. Manosque. La porte Soubeyran, la nuit.

69. Les gorges du Verdon.

70. *Le lac de Sainte-Croix à Bauduen.*

71. *Moustiers-Sainte-Marie entre ses deux falaises.*

72. *Castellane, sur les rives du Verdon.*

73. *Draguignan, vue générale sur la ville.*

vieille ville et imposante citadelle qui, plantée sur son roc, au bord de la folle Durance, domine, sur ce versant nord, le Dauphiné couvert de sapins sur ce flanc, et, sur l'autre, du sud, cette plaine si riche, blonde et ensoleillée où ondoient tout de suite les premiers oliviers : la Provence de Paul Arène, le cher Cante-Perdrix chantant.

C'est en descendant des montagnes claires, qu'il me plaît le mieux de découvrir Aix. Non, même si près de la mer, Aix, lovée dans son cirque, cœur d'une rose et d'un pays, est réellement cité montagnarde, quoique ses grands plis arrondis soient d'une altitude modeste, sauf Sainte-Victoire, autre mont du Vent souverain : Ventùri en langue provençale. Des villes de montagne, Aix tient ce repliement sur soi ; comme elles, elle s'embue du brouillard subtil qui monte de ses eaux éparses, de son arc, de ses multiples fontaines.

La richesse d'Aix est de tous les siècles. Ses restes romains, ses thermes encore fréquentés, disent assez son importance de toujours. Les comtes-rois de la Provence indépendante en avaient fait leur capitale au Moyen Âge, sentant, eux aussi, que la ville en forme de rose à demi-fermée vivait plutôt vers les Alpes de Forcalquier que vers la Méditerranée marseillaise ou le Rhône d'Arles. Étrange destinée d'une ville du Sud accordée au Pays d'En-Haut !

Le XVIIe siècle la porta à sa perfection. Siège des États et du parlement, séjour des grands du monde, capitale un peu cérémonieuse, elle garde de ces temps fastes des demeures splendides, embaumées dans leur vétusté qui est signe de leur noblesse et, à ce titre, fières de leur décrépitude même. Aix est la ville de toutes les flâneries et de toutes les douceurs de vivre. Des portes sculptées qui défient le temps, des cariatides de Puget supportant des balcons et des ferronneries vous arrêtent à chaque pas, dans chaque vieille rue austère et sur le cours Mirabeau, le fameux cours sur lequel règne, pacifique, le roi René. La cathédrale Saint-Sauveur est célèbre, sculptée, ornée comme une châsse et bien digne de renfermer ce triptyque admirable de Nicolas Froment : le *Buisson ardent*. Mais aussi sont renommés les riches musées d'Aix et ses bibliothèques. Rien n'y manque : archéologie, peinture, sculpture, faïences, meubles, tapisseries, répertoire des traditions et du folklore. La musique y est reine aussi, car Aix est devenue la cité mozartienne où, vienne juillet, accourent de toute l'Europe les gens de goût, les dilettantes. Hélas, le modernisme outrancier qui empiète chaque jour un peu plus sur les vieilles et belles choses enterre au bulldozer ce qui gêne son expansion, bâtit en ciment et parpaings des logements désespérants sur des colonnes de porphyre jetées à bas et sur les mosaïques précieuses des empereurs. Sainte-Victoire, ce saint des saints païens que Cézanne immortalisa, Sainte-Victoire, *Saint Ventùri*, te voici en proie, toi aussi, à la fureur des tristes bâtisseurs, puisque des gratte-ciel pour le moins dérisoires déshonorent ton ciel pur. Que ferait un nouveau Cézanne devant cette profanation ? Courez à Aix avant qu'il ne soit définitivement trop tard. Visitez, goûtez tout. Écoutez pleurer les fontaines et rire harmonieusement les grands opéras de Mozart.

Méditerranée...

La Provence appelée méditerranéenne commence évidemment au multiple delta du Rhône. Elle comprend ainsi, nous l'avons vu, cette étrange Camargue faite des seules alluvions, toujours creusée d'ici et augmentée de là, sans cesse en gestation, périssable, immortelle. En dépit du tourisme qui, plus qu'ailleurs, encombre ces horizons de sel et d'eau, cette Camargue, pour qui sait choisir le bon moment, retrouve une virginité. C'est sous les grands ciels d'automne et d'hiver qu'elle redevient le chemin des migrations d'oiseaux, la terre des immensités, des solitudes, des mirages, la patrie des chevaux, des taureaux, seules bêtes restées à peu près libres, la patrie des saints immortels et des gitans : les derniers, intouchables. Quel dommage que les grands pèlerinages des Saintes tournent aujourd'hui

74. *Le village et les deux tours rondes du château des Pontevès à Bargème.*

75. Les toits de Tourtour.

76. *Evenos et son donjon de basalte.*

77. *Le Revest-les-Eaux et sa tour sarrasine.*

78. *La culture des pêchers dans la région de Pierrefeu.*

79. *Le lac de Carcès, paradis des pêcheurs.*

80. Façades à Carcès.

81. Les oliviers.

à la plus vulgaire des fêtes foraines ! La barque des apôtres oserait-elle encore y accoster ?

A coups de criques, de calanques, de ports, cette Provence de la mer se « soleille » et crée toute vie, pour aller s'achever là où les Alpes enneigées de Peira-Cava viennent choir dans les flots frontaliers redevenus sauvages.

Mais suivons-la cette côte enchantée. Le grand bras du Rhône (le seul navigable) vient donc mourir à Port-Saint-Louis-du-Rhône, à la pointe extrême du golfe de Fos où Port-de-Bouc s'affaire, pêcheur et commerçant. Port-de-Bouc, la fenêtre des Martigues sur la mer. Or cette passe des Martigues – banalement nommée Venise provençale – ouvre l'étang de Berre, devenu aujourd'hui un énorme port pétrolier. Qui peut encore penser que c'est ici le lieu élu où débarquèrent les premiers Grecs, bien avant ceux qui devaient fonder Massalia ? De ce mouvement grec, de ce peuplement, il nous reste, perché sur son plateau en forme de falaise, le vieux Saint-Blaise que les fouilles nous restituent dans son fier abandon. De là-haut, pouvait dire, naguère encore, Maurras : « Nous occupons le dernier balcon dont le regard puisse embrasser les étendues terrestres palustres, maritimes du Bas-Pays. D'ici, la mer intérieure de Berre ouvre son calice de rose. La nappe allongée de Caronte l'unit, dans le lointain, à la mer purpurine au-delà de laquelle rampe le dragon noir du Rhône, opaque, impénétrable, même à la lumière du soir. » Main-tenant, que penserait-il ? Le port pétrolier qui tue le poisson de l'étang salit aussi le ciel de ses fumées et de ses constructions diaboliques.

Des Martigues avançons vers la mer...

Carro, le cap Couronne et son village, les restes de vigie qui signalait jadis la venue des corsaires. Voici, dans chaque crique, une station balnéaire au soleil. Que de villas ! Sausset-les-Pins, Carry-le-Rouet et Le Rove s'acagnardent ou bien s'éventent à la brise de mer. L'Estaque, avant-port de Marseille, s'affaire sur terre et sur mer. Au large scintillent les îles et sur ces ondes encombrées, surmenées, haute dans le ciel brille la Vierge de la Garde, Notre-Dame-du-Bon-Voyage, celle que le marin perd la dernière quand il part et, au retour, voit luire la première.

Ici, harmonieusement, se joignent les deux courbes du rivage : celle mollement creusée vers le Rhône qui doucement l'ensable, et celle du Levant, rocheuse, propice aux petits ports qui prolongent Marseille. D'un côté l'abri, le départ de l'autre. Quelle fiévreuse activité dans ce port, sur ces quais sans fin ! C'est bien ici le cœur méditerranéen, le lieu élu pour une grande ville, un carrefour universel. C'est un havre pur et profond, assez protégé du mistral lui-même et favorable à la

82. Une des nombreuses fontaines de Salernes.

83. Une ruelle sous arcade dans le vieux village de Villecroze.

84. *La citadelle de Seyne.*
dans la vallée de la Blanche.

85. *Le village de La Conche, dans la vallée de l'Ubaye.*

86. L'abbaye du Thoronet. Le chevet de l'église.

87. L'abbaye du Thoronet. L'ancien dortoir des moines.

88. Seillans. La chapelle romane de Notre-Dame-de-l'Ormeau.

navigation en dépit des collines qui enclosent son horizon. La mer, le Rhône proche lui ont ouvert le monde tant du Nord que du Sud. Éternisant le geste de Gyptis, Marseille offre toujours la vaste coupe bleue à tous les pays qui la bordent, à ces hommes bruns qu'elle lie plus qu'elle ne les sépare. « Là, disait Maurras, a flambé l'autel nuptial de la Grèce et des Gaules. Là aurait été consommé le grand hymen civilisateur. »

On a dit souvent que Marseille est un creuset où se fondent toutes les races, qu'elle est bien davantage un port méditerranéen qu'une grande ville provençale. Cependant, suivez-en la côte, la célèbre corniche, ce début de Côte d'Azur, riche de palmiers et d'eucalyptus, pour arriver à ces nombreuses criques si pittoresques, essentiellement, uniquement pêcheuses, qui se nomment Vallon de l'Oriol et Vallon des Auffes ; ce sont de vrais petits villages, ignorant presque leur cité gigantesque, jouant aux boules, calfatant leurs frêles embarcations, réparant des filets de pêche au soleil, paressant au café, préparant une bouillabaisse. On s'y connaît, on s'y tutoie, on y plaisante, on y parle encore provençal – ou marseillais, si vous voulez. Le vrai bon vieux temps des légendes n'a pas encore été tué ici. Quelle joie d'y pouvoir revivre et, lézardant avec les gens du cru, d'y boire avec Suarès qui le fit souvent, *toute la Méditerranée dans une coupe de soleil !*

Poursuivons maintenant le cabotage touristique au long des bords capricieux. Voici, étincelant, le massif de Marseille-Veyre qui se mire dans les eaux vives. Vaste espace, si solitaire.

Face aux îles de Riou s'ouvrent secrètes et protégées les calanques, véritables dentelles où les pins viennent se confondre à l'écume au milieu des buissons d'argelas et de romarin, y disparaissent, y reparaissent... quel beau voyage aux aspects imprévus ! Et quels horizons, sans cesse nouveaux, sur la mer et les îles, les collines qui leur répondent. Bientôt les caps Canaille et Soubeyran découpent, enserrent la baie de Cassis, vaste port de cinq kilomètres. Là-haut, comme des châteaux forts, s'érigent le Gibal, où Frédéric Mistral fit vivre la belle Estérelle, femme-fée, héroïne du grand poème *Calendal*, et le *Baou Redoun*, dit encore la Couronne de Charlemagne. Quelle vue étonnante de ces sommets, sur les calanques d'azur ou d'émeraude qui festonnent la côte et ces récifs du large où se cueillait le plus riche corail ! L'une de ces criques – Pormiou – et son voisin, le cap Cacau qui termine la baie en pointe, furent de tout temps si célèbres par leur traîtrise et leur méchanceté que, répétant les vieux Grecs, ceux de Provence en firent ces fameux Charybde et Scylla dont tout le monde connaît les noms.

Cassis, célèbre par les vignes qui ondoient sur tous ses coteaux (vignes importées de Sicile

89. Roquebrune-sur-Argens.

90. Ramatuelle.

par le roi René, friand de ce doux muscatel), et La Ciotat, ville voisine, renommée pour ses constructions navales, ses chaux, ses ciments et son industrie, possèdent sur leurs pics de vieilles tours en ruine. Ce sont les restes des vigies d'où l'on guettait les Barbaresques, car le pays les vit souvent, razziant ou s'établissant. Des villes mortes en témoignent, comme ce Tauroentum, ville phénicienne, puis grecque et romaine tout à fait noyée par les sables, le village de La Cadière, qui en avait reçu les survivants et le vieux La Ciotat : Citharista, la ville-à-la-cithare que les Sarrasins détruisirent parmi tant d'autres plus modestes.

Bandol, Sanary et Le Brusc, naguère encore villages de pêcheurs, sont devenus centres hôteliers depuis le foisonnement du tourisme. Déjà mimosas et eucalyptus, palmiers envahis de lianes fleuries, se mêlent aux cyprès et aux oliviers provençaux. C'est la Côte d'Azur dont parle un autre ouvrage. Le trafic vous l'indique, cette ruée de voitures et de baigneurs, de promeneurs déshabillés pour mieux se rôtir au soleil.

Entre les deux rocs escarpés du cap Sicié et du pittoresque Six-Fours, ayant traversé les chantiers navals de Tamaris-sur-Mer et de La Seyne, nous abordons Toulon, le grand port militaire. Rade unique au monde, dont la découverte arrache un cri d'admiration, rade acagnardée au pied d'un cirque de montagnes qui la protège au nord, long de deux cents bons kilomètres qui, plongeant dans les flots aux deux extrémités, cerne et protège mieux le golfe et la ville couchée autour.

Toutes les conditions sont ici réunies pour que se crée et prospère une ville, tout à la fois militaire et marchande (Saint-Mandrier étant son immense chantier), mais aussi un vrai port de pêche qui n'a jamais cessé de l'être. Les barques y demeurent et sillonnent la mer malgré les cuirassés, et le ciel de Provence rit en dépit des fumées et des clameurs industrielles.

De tout temps Toulon a utilisé prodigieusement ses avantages naturels. Il est le *Telo Martius* de l'*Itinéraire* d'Antonin, la proie préférée des Barbares : « Wisigoths, Ostrogoths, Burgondes, Francs, Sarrasins. De ceux-là, les plus redoutables parce qu'ils razziaient tout et s'établissaient sur les ruines avec les survivants pour esclaves, le pays ne fut délivré que par Guillaume d'Orange, dit Guillaume au Court-Nez, comte de Provence, qui rallia pour sa croisade toute la noblesse, tous les chevaliers et leurs gens. Toulon vint à la France en 1481. Louis XII, Henri IV, Louis XIV avec Vauban, firent de ce port le premier de France. Les ateliers de peinture, de sculpture pour les magnifiques bateaux, fussent-ils de guerre, y appelèrent Puget et son école. Figures de proue et cariatides connurent ainsi la plus grande vogue et essaimèrent à partir de Toulon dans toute la Provence.

91. *Port-Grimaud.*

Après avoir été fort longtemps implanté à Marseille, le bagne fut transporté à Toulon. Les beaux murs de terrasse en pierre sèche, ornement utile des campagnes et des coteaux, sont l'œuvre des forçats dont les galères étaient désarmées en hiver. On s'y souvient encore d'eux, et maints dictons en font état.

Bonaparte, et plus tard, à la Libération, le général de Lattre de Tassigny, ont délivré Toulon de l'occupant. Ce sont aussi des souvenirs dont Toulon sait s'enorgueillir.

Ce que, poétiquement, on appelle le « Gai royaume de Provence » s'étend bien plus loin, au long de la mer et touche aux Alpes-Maritimes selon les lois de la géographie et, politiquement, aussi longtemps que le comté de Nice appartint à la Maison de Savoie, il avait pour frontière la rivière du Var. Cependant, pour des fins touristiques, on a pris l'habitude de faire partir de Toulon ce qu'on nomme la Côte d'Azur. Ce livre doit donc respecter le mieux possible cette mode, et s'incliner. Pourtant Hyères reste la fleur parfumée de Provence, le lumineux et doux jardin des Hespérides que recherchait Hercule, errant.

Au large de la ville aérée de parfums capiteux et bercée de palmes, les îles, appelées si justement les îles d'Or, tentent le regard et attisent un désir de paresse au soleil et de promenades. Nulle découverte n'est aussi plaisante au bout du charmant voyage en bateau. Rade de Giens, Tour Fondue, puis Ribauds, et Ribaudons, enfin Porquerolles que l'on dit l'île même de Calypso, Port-Cros et l'île du Levant ! Oui, quelle sensation délicieuse d'aventure, de solitude aussi, sous les eucalyptus géants, si l'on devance ou si l'on suit les lourdes invasions d'été. Ce sont là les *Grandes Stoechades* des Grecs, suivies des *Petites* : celles de Lérins. Toutes ensemble forment ce *chapelet* d'ambre brûlé, de nacre et d'or que signifie, en grec, le mot même : stoechade. François Ier, en bel artiste, créa le marquisat éphémère des îles d'Or. Nul nom, nul titre de noblesse ne me semble aussi juste, aussi parfait.

Mais reprenons notre voyage par la côte ! L'arc granitique allant des Embiez à Fréjus, la sauvage rive des Maures, ondoie de ses forêts ancestrales, car elle est née belle première des secousses qui ont suivi le grand Déluge. Chênes-lièges et châtaigniers, pins majestueux, mais aussi fourrés de mimosas, d'agaves géants, de figuiers d'où émergent à l'état libre orangers, citronniers, eucalyptus, palmiers : quel pays bien particulier, vivant de sa montagne même, de sa chasse et de son bois. Les villes des Maures, demeurées, en effet, mauresques, sont Bormes, escaladant sa colline si bien fleurie, si bien dorée qu'elle a pris le nom de ses fleurs et s'est nommée Bormes-les-Mimosas ; puis, plus sauvage dans ses châtaigneraies et ses forêts de chênes-lièges, Collo-

brières qui travaille dans le fracas de ses torrents ; et, sur la côte, Grimaud si joliment accroché, et surtout la Garde-Freinet, vieux repaire, le dernier conservé par les Sarrasins. Qu'il le demeure, maure, par son architecture, ses remparts surtout, ses ruelles, ses anciennes citernes et ses caves à provisions et munitions ! Sur la côte reprise, parmi tant de stations mineures, on trouve Cavalaire et bientôt Saint-Tropez, devenu essentiellement mondain, Sainte-Maxime, Val d'Esquières, Saint-Aygulf, paradis des baigneurs et des estivants, autant qu'ils l'étaient autrefois des riches hivernants douillets dont les grands centres demeuraient cependant Cannes, Nice, Menton, sans cesse ensoleillés.

Se raccordant aux Maures granitiques, le rouge Esterel volcanique descend du mont Vinaigre, au nord, et plonge en Méditerranée par une multitude de caps et d'écueils flamboyants. Là se logent Saint-Raphaël, où l'on dit que meurt le mistral, et tant d'autres stations. Toutes ces criques habitées, surpeuplées l'été, n'en font qu'une, en réalité, ininterrompue, une longue et mince ville balnéaire qui borde un arrière-pays demeuré presque vierge par comparaison, et farouche.

Dans ces vallées étroites, ces vallons intérieurs de l'Esterel, et dans ces grottes, toutes les résistances ont tenu bon, depuis toujours. Les Romains mêmes ne purent les réduire. C'est le lieu élu des bêtes sauvages, d'une flore,

92. *Saint-Tropez.*

93. *Le Lavandou.*

94. *Bormes-les-Mimosas.*

95. *Le port de Hyères.*

96. *L'île de Porquerolles.*

97. Autour de la fontaine.

98/99. *Joueurs de boules.*

100. Le port de Sanary.

aussi, bien particulière, donc, par contrecoup, des chasseurs, des savants, géologues et botanistes, des artistes, de ceux, amoureux de la solitude, qui ont remplacé les saints ermites de jadis et cherchent la beauté, leur âme secrète, ou leur dieu.

Un peu vers l'intérieur, Vallauris, *Val de l'Or*, qui cuit ses céramiques, Biot qui souffle ses verreries, Grasse qui en toutes saisons distille ses parfums de fleurs, et tous leurs environs avec ces villages perchés : Tourrettes, Gourdon, Cabris, Bar-sur-Loup, Magagnosc, Thorenc et tant d'autres sont d'admirables buts de promenade ou d'excursions plus longues. Golfe Juan vit Napoléon débarquer de l'île d'Elbe. Ce lieu alors désert, ce petit résumé d'Afrique, quel caravansérail cosmopolite il peut être aujourd'hui !

Quant à Antibes, où mourut Paul Arène, l'un des plus grands écrivains provençaux, c'est pour moi la crèche elle-même, celle du poète, car, écrivant devant sa fenêtre, au soleil, parmi ses santons bien-aimés, il perdit connaissance et sa tête tomba parmi les minuscules personnages d'argile, pareils à ceux que l'on pétrit toujours si nombreux en Provence. On mit ceux d'Arène avec lui, dans le cercueil. Il était pétri de la même argile, de notre terre, ce Cante-Perdrix idéal qui est un peu dans chaque ville et que me rend, pieusement, le vieil Antibes demeuré inchangé.

Cagnes-sur-Mer ! Renoir ! Cagnes-le-Vieux, village de musée avec ses encorbellements moyenâgeux et ses grands paysages qu'a immortalisés le peintre ! Puis Vence, la jolie ville aux fleurs, son Saint-Paul encombré d'artistes, d'antiquaires, sont l'extrémité est de l'ancienne Provence. Nous touchons bientôt le Var frontalier.

Notre voyage est-il fini ? Savons-nous tout de ce condensé provençal ? Non, à mon sens, car l'arrière-pays est peut-être encore le plus personnel, resté le plus original.

Si nous remontons, à partir de Vence qui reste la dernière des villes est de l'ancien comté, Bar, Tournon, Montauroux, Fayence nous offrent leurs vallées et leurs escarpements, nous parlent de Gaspard de Besse, célèbre bandit et preux gentilhomme. Et voici, pittoresques à souhait, Seillans, la Valmasque sauvage que hante toujours la magie, Bargemon, enfin Draguignan, la ville de ces lieux élevés, avec sa Maison de la reine Jeanne et sa Pierre des Fées, dolmen qu'ombragent comme antan les trois arbres sacrés des Celtes : chêne, micocoulier, genévrier tordu. A la sortie de Draguignan est l'ermitage Saint-Hermentaire, célèbre pour avoir exorcisé ces contrées singulières d'un monstre des eaux qui les tourmentait.

En quelques tours de roue, nous arrivons à l'abbaye cistercienne du Thoronet, un chef-d'œuvre sévère et nu de l'art monastique du

101. *Toulon. Plage du littoral au Mourillon.*

Sud. C'est un monde de pierre dorée par les siècles, très bien restauré, quoique des parties demeurent en ruine. Le cloître incite à la méditation dans sa noble ampleur et sa nudité, ses colonnes ornées avec une rigoureuse mesure, ses baie romanes, son volume intérieur surtout qui me paraît toujours être la sculpture du vide où l'âme doit se retrouver.

Brignoles n'est pas loin, Brignoles au doux climat où les comtesses de Provence venaient faire leurs couches. La vieille ville garde son charme et son parfum. Au pied de la moderne coule le Caramy, affluent de l'Argens. L'atmosphère a ici la limpidité italienne à cause des eaux, des arbres, des rocs que les bauxites enflamment, dorent, et des vergers, des champs cultivés répartis avec une harmonie frappante. C'est une des multiples Provences traversées, qui joint à la douceur, à la clarté des maritimes, la vigueur de ses monts, de ses chaînes boisées. Celle de la Loube mérite à elle seule le voyage car, de son sommet, l'on découvre un panorama incroyable des Alpes blanches à Toulon, de l'Italie au mont Ventoux, des forêts de la Sainte-Baume aux schistes bruns du Dauphiné.

Au pied de la Loube est La Celle, abbaye restaurée datant des premiers temps chrétiens, détruite par les Sarrasins, mais ressuscitée de ses cendres au début du XIIᵉ siècle par les comtes-rois de Provence, les Raymond Bérenger. Garcende, reine-mère, y vint prendre le voile et, à sa suite, bien des filles des plus illustres familles provençales. Le sarcophage de Garcende, après la décadence et la nouvelle ruine, servit d'abreuvoir au bétail. Mais La Celle a ressuscité encore une fois et vous offre aujourd'hui, dans sa beauté neuve, une luxueuse hospitalité.

Saint-Maximin, tout proche, a aussi son grand monastère sous lequel, dit la tradition, les premiers apôtres sont ensevelis. Autour des sépultures, quelques masures s'élevèrent parmi les ruines de la ville romaine. C'est le premier Saint-Maximin. Il a grandi autour de son vaste couvent gothique qu'il est urgent de visiter. La magnifique chaire du XVIIIᵉ siècle relate la vie de Marie-Madeleine. Mais son tombeau est à la Sainte-Baume où elle trépassa au bout de tant d'années de pénitence.

Par un chemin délicieux, on se rend d'ici à Barjols, le *Tivoli de la Provence*, étagé sur le flanc de sa colline fraîche, aux murmures mêlés de ses arbres et de ses eaux. Joseph d'Arbaud, notre grand poète, y repose, son âme harmonieuse bercée par l'harmonieuse nature.

Voilà s'achever le voyage. Nous avons butiné autour de la rose d'Aix, de cette fleur magique endormie dans l'arôme des siècles révolus et de toutes les élégances. C'est ce parfum que nous emporterons en souvenir, comme une cassolette.

102. Toulon. Le port du Mourillon et le fort Saint-Louis.

103. Toulon. La Darse vieille.

104. Toulon. Le marché aux fruits et légumes.

105. Toulon. Le marché au poisson.

Après avoir subi les fureurs passionnées du Rhône, humé les veines d'air fruité de la plaine durancielle, les puretés glaciales des hauteurs, cette autre pureté dorée du mont Ventoux et de Sainte-Victoire et les effluves amollis de la mer, il me semblait subtil de venir rêver et vibrer aux harmonies des nuits d'été aixoises. O calice de pierre frappé d'enchantement !

□

Nous avons visité tous les sites fameux, admiré, attendris, les monuments, témoins de tous les siècles. Ils nous rendent fiers du génie méridional et de sa continuité à travers les remous du monde.

C'est vrai : beaucoup de vagues successives se sont fondues, amalgamées indissolublement pour donner cette race que l'on a nommée provençale. C'est qu'*il y a une vertu dans le soleil,* comme le proclamait Lamartine à Mistral. C'est sa claire chaleur qui a conquis les conquérants de toutes parts pour en faire les Provençaux. Il n'est, pour s'en convaincre, que de regarder attentivement le monument gigantesque de La Turbie, ce « trophée des Alpes » en l'honneur d'Auguste, émouvante ruine. Elle porte, gravés, les noms de toutes les tribus définitivement conquises par l'empereur et l'admettant, contresignant ici leur soumission désespérée. Sans aucun doute, elles se survivent – et toutes ! – en nous. Elles continueront. Quel brassage pour quel résultat, quel espoir !

Frappé, lui aussi, Anatole France a écrit ce qui est la meilleure des conclusions : « Celui qui fit cette Provence était un démiurge d'une âme élégante, qui s'entendait mieux qu'aucun autre à la finesse des tons et à la volupté des lignes. Vous devez, Provençaux, à la terre qu'il a aménagée pour vous, votre âme fine, claire et charmante. »

MARIE MAURON

106. *Le port de plaisance de Bandol.*

107. Sur le port de Cassis.

108. *Dans la calanque de Port-Pin.*

Donzère-Mondragon

Ardèche

Aygues

Ouvèze

P^t-St-Esprit

Vaison-la-Romaine

**DENTELLES
DE MONTMIRAIL**

Montmirail

Malaucène

Orange

Bédoin

▲ Mt Vento...

Rhône

Gigondas

Sault

Beaumes-de-Venise

Carpentras

Nesque

Uzès

Pernes-les-Fontaines

Villeneuve-lès-Avignon

AVIGNON

Fontaine-de-Vaucluse

Abbaye de Senanque

P^t-du-Gard

Gordes

Roussillon

Gard

LA MONTAGNETTE

Barbentane

Cavaillon

Apt

Saign...

Buoux

NÎMES

Abb^e de Frigolet

Menerbes

Maillane

Oppède-le-Vieux

Bonnieux

Cucuro...

Tarascon

St-Rémy

Beaucaire

Ch^au St-Gabriel

Orgon

Lourmarin

Les Antiques

Eygalières

LUB...

Les Baux

Glanum

St-Gilles

LES ALPILLES

La Roque-d'Anthéron

Fontvieille

Moulin de Daudet

Abb^e de Silvacane

Abb^e de Montmajour

ARLES

Salon

LA TRÉVARESS...

St-Gilles

Miramas

Le Grau-du-Roi

CAMARGUE

AIX-EN-PROVENCE

Aigues-Mortes

Arc

É^tg DE VACCARÈS

CRAU

Istres

Berre

Fos

Vitrolles

É^tg DE BERRE

Les S^tes-Maries-de-la-Mer

Golfe de Fos

L'ESTAQUE

MARSEILLE

Ch^au d'If

Les Calan...

MER MÉDITERRANÉE

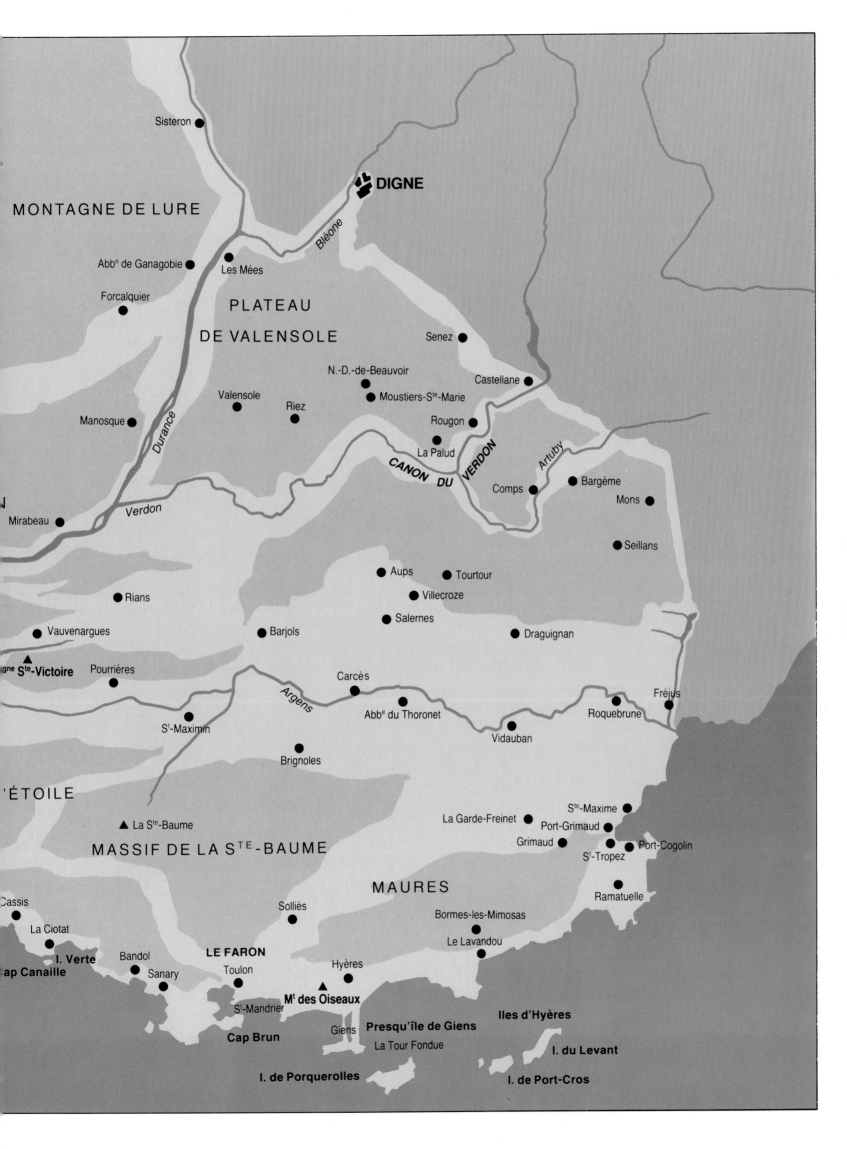

TABLE DES ILLUSTRATIONS

L'illustration de cet ouvrage a été réalisée pour les Éditions SUN par **Louis-Yves Loirat** à l'exception des photographies suivantes :

Explorer - L.-Y. Loirat : n°s 2, 9, 17, 21, 22, 26, 27, 33, 37, 45. - F. Jalain : 7, 28 - A. Baudry : 34. - M. Breton : 8. - D. Clément : 12. - J. Dupont : 32. - Giraudou : 98. - Gleizes : 10. - A. Guillou : 96. - Hug : 57. - Kalicanin : 3. - P. Lorne : 30. - A. Nadau : 31. - G. Plessy : 99. - L. Salou : 39. - J.-P. Saint-Marc : 93.

N. Lejeune : 91. - S. de Sazo : 11.

Gardes : Sipa - Icono : J.-P. Zénobel

De ses racines paysannes, provençale du pays d'Arles, Marie Mauron a donné à sa Provence, mais aussi à la littérature, plus d'une centaine d'œuvres, romans, récits et chroniques. Native de Saint-Rémy, « la Colette provençale », comme l'appelait Émile Henriot, y vécut toute sa vie où rien de ce qui appartient à ce ciel et à cette terre ne lui fut étranger.

Chez Plon : *Le Quartier Mortisson, En roulotte et à pied en Haute-Provence, Mes grandes heures de Provence*, (prix de l'Académie française),

Librairie Académique Perrin : *La Provence au coin du feu, La Transhumance.*

Belfond : *Les Cigales de mon enfance.*

Provence
a été réalisé
par les
éditions sun
à Paris

Photogravure :
S.A.P.P.

Photocomposition :
L'Union Linotypiste

Impression sur
papier couché
demi-mat
des Papeteries
Pronoïa

Tirage réalisé
par l'Imprimerie
Moderne du Lion
S.N.

Reliure :
S.I.R.C.

achevé d'imprimer
le 9 avril 1990
pour le compte des
éditions sun
paris

Exclusivité Vilo

ISBN 2-85099-056-6
ISSN 0298-8496